Dietrich Bonhoeffer

Das Gebetbuch der Bibel

Eine Einführung in die Psalmen

Mit einem Einblick in
Bonhoeffers Leben und Schaffen
von Eberhard Bethge

Hänssler-Verlag
Neuhausen-Stuttgart

ISBN 3 7751 0343 0

Edition C Taschenbuch Nr. 1

Lizenzausgabe im
Hänssler-Verlag, Neuhausen-Stuttgart
10. Auflage 1980
Umschlaggestaltung: Daniel Dolmetsch, Stuttgart
Herstellung:
St.-Johannis-Druckerei C. Schweickhardt, Lahr-Dinglingen
Printed in Germany 17666/1980

„Herr, lehre uns beten!"

So sprachen die Jünger zu Jesus. Sie bekannten damit, daß sie von sich aus nicht zu beten vermochten. Sie müssen es lernen. Beten-lernen, das klingt uns widerspruchsvoll. Entweder ist das Herz so übervoll, daß es von selbst zu beten anfängt, sagen wir, oder es wird nie beten lernen. Das ist aber ein gefährlicher Irrtum, der heute freilich weit in der Christenheit verbreitet ist, als könne das Herz von Natur aus beten. Wir verwechseln dann Wünschen, Hoffen, Seufzen, Klagen, Jubeln – das alles kann das Herz von sich aus – mit Beten. Damit aber verwechseln wir Erde und Himmel, Mensch und Gott. Beten heißt ja nicht einfach das Herz ausschütten, sondern es heißt, mit seinem erfüllten oder auch leeren Herzen den Weg zu Gott finden und mit ihm reden. Das kann kein Mensch von sich aus, dazu braucht er Jesus Christus.

Die Jünger wollen beten, aber sie wissen nicht, wie sie es tun sollen. Das kann eine große Qual werden, mit Gott reden wollen und es nicht können, vor Gott stumm sein müssen, spüren, daß alles Rufen im eigenen Ich verhallt, daß Herz und Mund eine verkehrte Sprache sprechen, die Gott nicht hören will. In solcher Not suchen wir Menschen, die uns helfen können, die etwas vom Beten wissen. Wenn uns einer, der beten kann, in sein Gebet mit hineinnähme, wenn wir sein Gebet mitbeten dürften, dann wäre uns geholfen! Gewiß können uns erfahrene Christen hier viel helfen, aber sie können es auch nur durch den, der ihnen selbst helfen muß und zu dem sie uns weisen, wenn sie rechte Lehrer im Beten sind, durch Jesus Christus. Wenn er uns mit in sein Gebet hineinnimmt, wenn wir sein Gebet mitbeten dürfen, wenn er uns auf seinem Wege zu Gott mit hinaufführt und uns beten lehrt, dann sind wir von der Qual der Gebetslosigkeit befreit. Das aber will Jesus Christus. Er will mit uns beten, wir beten sein Gebet mit und dürfen darum gewiß und froh sein, daß Gott uns hört. Wenn unser Wille, unser ganzes Herz eingeht in das Gebet Christi, dann beten wir recht. Nur in Jesus Christus können wir beten, mit ihm werden auch wir erhört.

So müssen wir also beten lernen. Das Kind lernt sprechen, weil der Vater zu ihm spricht. Es lernt die Sprache des Vaters. So lernen wir zu Gott sprechen, weil Gott zu uns gesprochen hat und spricht. An der Sprache des Vaters im Himmel lernen seine Kinder mit ihm reden. Gottes eigene Worte nachsprechend, fangen wir an, zu ihm zu beten. Nicht in der falschen und verworrenen Sprache unseres Herzens, sondern in der klaren und reinen Sprache, die Gott in Jesus Christus zu uns gesprochen hat, sollen wir zu Gott reden und will er uns hören.

Gottes Sprache in Jesus Christus begegnet uns in der Heiligen Schrift. Wollen wir mit Gewißheit und Freude beten, so wird das Wort der Heiligen Schrift der feste

Grund unseres Gebetes sein müssen. Hier wissen wir, daß Jesus Christus, das Wort Gottes, uns beten lehrt. Die Worte, die von Gott kommen, werden die Stufen sein, auf denen wir zu Gott finden.

Im Namen Jesu beten lernen

Nun gibt es in der Heiligen Schrift ein Buch, das sich von allen anderen Büchern der Bibel dadurch unterscheidet, daß es nur Gebete enthält. Das sind die Psalmen. Es ist zunächst etwas sehr Verwunderliches, daß es in der Bibel ein Gebetbuch gibt. Die Heilige Schrift ist doch Gottes Wort an uns. Gebete aber sind Menschenworte. Wie kommen sie daher in die Bibel? Wir dürfen uns nicht irre machen lassen: Die Bibel ist Gottes Wort, auch in den Psalmen. So sind also die Gebete zu Gott – Gottes eigenes Wort? Das scheint uns schwer verständlich. Wir begreifen es nur, wenn wir daran denken, daß wir das rechte Beten allein von Jesus Christus lernen können, daß es also das Wort des Sohnes Gottes, der mit uns Menschen lebt, an Gott den Vater ist, der in der Ewigkeit lebt. Jesus Christus hat alle Not, alle Freude, allen Dank und alle Hoffnung der Menschen vor Gott gebracht. In seinem Munde wird das Menschenwort zum Gotteswort, und wenn wir sein Gebet mitbeten, wird wiederum das Gotteswort zum Menschenwort. So sind alle Gebete der Bibel solche Gebete, die wir mit Jesus Christus zusammen beten, in die er uns hineinnimmt und durch die er uns vor Gottes Angesicht trägt, oder es werden keine rechten Gebete;

denn nur in und mit Jesus Christus können wir recht beten.

Wenn wir daher die Gebete der Bibel und besonders die Psalmen lesen und beten wollen, so müssen wir nicht zuerst danach fragen, was sie mit uns, sondern was sie mit Jesus Christus zu tun haben. Wir müssen fragen, wie wir die Psalmen als Gottes Wort verstehen können, und dann erst können wir sie mitbeten. Es kommt also nicht darauf an, ob die Psalmen gerade das ausdrücken, was wir gegenwärtig in unserem Herzen fühlen. Vielleicht ist es gerade nötig, daß wir gegen unser eigenes Herz beten, um recht zu beten. Nicht was wir gerade beten wollen, ist wichtig, sondern worum Gott von uns gebeten sein will. Wenn wir auf uns allein gestellt wären, so würden wir wohl auch vom Vaterunser oft nur die vierte Bitte beten. Aber Gott will es anders. Nicht die Armut unseres Herzens, sondern der Reichtum des Wortes Gottes soll unser Gebet bestimmen.

Wenn also die Bibel auch ein Gebetbuch enthält, so lernen wir daraus, daß zum Worte Gottes nicht nur das Wort gehört, das er uns zu sagen hat, sondern auch das Wort, das er von uns hören will, weil es das Wort seines lieben Sohnes ist. Das ist eine große Gnade, daß Gott uns sagt, wie wir mit ihm sprechen und Gemeinschaft haben können. Wir können es, indem wir im Namen Jesu Christi beten. Dazu sind uns die Psalmen gegeben, daß wir sie im Namen Jesu Christi beten lernen.

Auf die Bitte der Jünger hat Jesus ihnen das Vaterunser gegeben. In ihm ist alles Beten enthalten. Was in die Bitten des Vaterunsers eingeht, ist recht gebetet, was in ihnen keinen Raum hat, ist kein Gebet. Alle Gebete der Heiligen Schrift sind im Vaterunser zusammengefaßt. Sie werden in seine unermeßliche Weite aufgenommen. Sie werden also durch das Vaterunser nicht überflüssig gemacht, sondern sie sind der unerschöpfliche Reichtum des Vaterunsers, wie das Vaterunser ihre Krönung und Einheit ist. Vom Psalter sagt Luther: „Er ist durchs Vaterunser und das Vaterunser durch ihn also gezogen, daß man eins aus dem andern sehr fein verstehen kann und lustig zusammenstimmen." So wird das Vaterunser zum Prüfstein dafür, ob wir im Namen Jesu Christi beten oder im eigenen Namen. Es hat darum guten Sinn, wenn der Psalter in unser Neues Testament meist mit hineingebunden wird. Er ist das Gebet der Gemeinde Jesu Christi, er gehört zum Vaterunser.

Die Beter der Psalmen

Von den 150 Psalmen werden 73 dem König David zugeschrieben, 12 dem von David angestellten Sangmeister Asaph, 12 der unter David wirkenden levitischen Sängerfamilie der Kinder Korah, 2 dem König Salomo, je einer den vermutlich unter David und Salomo tätigen Musikmeistern Heman und Ethan. So ist es verständlich, daß sich der Name Davids in besonderer Weise mit dem Psalter verbunden hat.

Von David wird berichtet, daß er nach seiner heimlichen Salbung zum König zu dem von Gott verworfenen und mit einem bösen Geist geplagten König Saul gerufen worden sei, um ihm auf der Harfe vorzuspielen. „Wenn nun der Geist Gottes über Saul kam, so nahm David die Harfe und spielte mit seiner Hand, so erquickte sich Saul, und es ward besser mit ihm, und der böse Geist wich von ihm" (1. Sam. 16, 23). Das mag der Anfang der Psalmendichtung Davids gewesen sein. In der Kraft des Geistes Gottes, der mit der Salbung zum König über ihn gekommen war, vertreibt er den bösen Geist durch sein Lied. Kein Psalm aus der Zeit vor der Salbung ist uns überliefert. Erst der zum messianischen König Berufene, aus dem der verheißene König Jesus Christus entstammen sollte, betete die Lieder, die später in den Kanon der Heiligen Schrift aufgenommen werden.

David ist nach dem Zeugnis der Bibel als der gesalbte König des erwählten Volkes Gottes ein Vorbild auf Jesus Christus. Was ihm widerfährt, geschieht ihm um deswillen, der in ihm ist und aus ihm hervorgehen soll, Jesus Christus; und das blieb ihm nicht unbewußt, sondern „da er nun ein Prophet war und wußte, daß ihm Gott verheißen hatte mit einem Eide, daß die Frucht seiner Lenden sollte auf seinem Stuhle sitzen, hat er's zuvorgesehen und geredet von der Auferstehung Jesu Christi" (Apg. 2, 30 f.). David war ein Zeuge Christi in seinem Amt, seinem Leben, seinen Worten. Ja, mehr noch sagt das Neue Testament. In den Psalmen Davids spricht schon der verheißene Christus selbst (Hebr. 2, 12; 10, 5) oder, wie es auch heißen kann, der Heilige Geist (Hebr. 3, 7). Dieselben Worte also, die David sprach, sprach in ihm der zukünftige Messias. Die Gebete Davids wurden von Christus mitgebetet oder vielmehr Christus selbst betete sie in seinem Vorläufer David.

Diese kurze Bemerkung des Neuen Testaments wirft ein bedeutsames Licht auf den ganzen Psalter. Sie bezieht ihn auf Christus. Wie das im einzelnen zu verstehen ist, werden wir noch zu überlegen haben. Wichtig ist für uns, daß auch David nicht nur aus dem persönlichen Überschwang seines Herzens, sondern aus dem in ihm wohnenden Christus heraus betete. Der Beter seiner Psalmen bleibt zwar er selbst, aber in ihm und mit ihm Christus. Die letzten Worte des alten David sprechen das in geheimnisvoller Weise selber aus: „Es spricht David, der Sohn Isais, es spricht der Mann, der hoch erhoben ist, der Gesalbte des Gottes Jakobs, der liebliche Psalmensänger Israels: Der Geist des Herrn hat durch mich geredet, und seine Rede ist auf meiner Zunge“, und nun folgt eine letzte Weissagung auf den künftigen König der Gerechtigkeit, Jesus Christus (2. Sam. 23, 2 ff.).

Damit sind wir wiederum zu der Erkenntnis geführt, die wir früher gewonnen hatten. Gewiß sind nicht alle Psalmen von David, und es gibt kein Wort des Neuen Testaments, das den ganzen Psalter Christus in den Mund legt. Immerhin müssen uns die genannten Andeutungen wichtig genug für den ganzen Psalter werden, der ja entscheidend mit dem Namen Davids verbunden ist, und von den Psalmen insgesamt sagt Jesus selbst, daß sie seinen Tod und seine Auferstehung und die Predigt des Evangeliums verkündigt haben (Luk. 24, 44 ff.).

Wie ist es möglich, daß zugleich ein Mensch und Jesus Christus den Psalter beten? Es ist der menschgewordene Sohn Gottes, der alle menschliche Schwachheit an seinem eigenen Fleisch getragen hat, der hier das Herz der ganzen Menschheit vor Gott ausschüttet, der an unserer Stelle steht und für uns betet. Er hat Qual und Schmerz, Schuld und Tod tiefer gekannt als wir. Darum ist es das Gebet der von ihm angenommenen menschlichen Natur, das hier vor Gott kommt. Es ist wirklich unser Gebet, aber da er uns besser kennt als wir selbst, da er selbst wahrer Mensch war uns zugut, ist es auch wirklich sein Gebet, und es kann unser Gebet nur werden, weil es sein Gebet war.

Wer betet den Psalter? David (Salomo, Asaph usw.) betet, Christus betet, wir beten. Wir – das ist zunächst die ganze Gemeinde, in der allein der ganze Reichtum des Psalters gebetet werden kann, es ist schließlich aber auch jeder einzelne, sofern er an Christus und seiner Gemeinde teil hat und ihr Gebet mitbetet. David, Christus, die Gemeinde, ich selber – und wo wir dies alles miteinander bedenken, erkennen wir den wunderbaren Weg, den Gott geht, um uns beten zu lehren.

Namen, Musik, Versgestalt

Die hebräische Überschrift des Psalters heißt soviel wie „Hymnen". Psalm 72, 20 werden alle vorangegangenen Psalmen „Gebete Davids" genannt. Beides ist überraschend und doch verständlich. Zwar enthält der Psalter auf den ersten Blick weder ausschließlich Hymnen noch ausschließlich Gebete. Trotzdem sind auch die Lehrgedichte oder die Klagelieder im Grunde Hymnen, denn sie dienen dem Lobpreis der Herrlichkeit Gottes, und selbst diejenigen Psalmen, die nicht einmal eine Anrede an Gott enthalten (z. B. 1. 2. 78), dürfen Gebete genannt werden, denn sie dienen der Versenkung in Gottes Gedanken und Willen. „Psalter" ist ursprünglich ein Musikinstrument und erst in übertragener Weise zur Bezeichnung der Sammlung der Gebete gebraucht, die Gott als Lieder dargebracht werden.

Die Psalmen, wie sie uns heute überliefert sind, sind großenteils für den gottesdienstlichen Gebrauch in Musik gesetzt. Singstimmen und Instrumente aller Art wirken zusammen. Wiederum ist es David, auf den die eigentliche liturgische Musik zurückgeführt wird. Wie einst sein Harfenspiel den bösen Geist vertrieb, so ist die heilige, gottesdienstliche Musik eine wirksame Kraft, so daß gelegentlich für sie dasselbe Wort gebraucht werden kann wie für die prophetische Verkündigung (1. Chron. 25, 2). Viele der schwerverständlichen Überschriften der Psalmen sind Anweisungen für die Musikmeister. Ebenso das häufige „Sela" mitten in einem Psalm, das vermutlich ein hier einsetzendes Zwischenspiel bezeichnet. „Das Sela zeigt an, daß man muß stille halten und dem Worte des Psalmes fleißig nachdenken; denn sie fordern eine ruhige und stillstehende Seele, die da begreifen und fassen könne, was ihr der Heilige Geist allda vorhält und einbildet" (Luther).

Die Psalmen wurden wohl meist im Wechselchor gesungen. Dafür waren sie auch durch ihre Versform besonders geeignet, dergemäß je zwei Versglieder so miteinander verbunden sind, daß sie mit anderen Worten im wesentlichen denselben Gedanken aussprechen. Das ist der sogenannte Parallelismus der Glieder. Diese Form ist nicht zufällig, sondern sie ruft uns dazu auf, das Gebet nicht abbrechen zu lassen, und sie lädt dazu ein, miteinander zu beten. Was uns, die wir hastig zu beten gewöhnt sind, als unnötige Wiederholung erscheint, ist in Wahrheit die rechte Versenkung und Sammlung im Gebet, ist zugleich das Zeichen dafür, daß viele, ja daß alle Gläubigen mit verschiedenen Worten doch ein und dasselbe beten. So fordert uns die Versform noch besonders dazu auf, die Psalmen gemeinsam zu beten.

Der Gottesdienst und die Psalmen

In vielen Kirchen werden sonntäglich oder sogar täglich Psalmen im Wechsel gelesen oder gesungen. Diese Kirchen haben sich einen unermeßlichen Reichtum bewahrt, denn nur im täglichen Gebrauch wächst man in jenes göttliche Gebetbuch hinein. Bei nur gelegentlichem Lesen sind uns diese Gebete zu übermächtig in Gedanken und Kraft, als daß wir uns nicht immer wieder zu leichterer Kost wendeten. Wer aber den Psalter ernstlich und regelmäßig zu beten angefangen hat, der wird den anderen, leichten, eigenen „andächtigen Gebetlein bald Urlaub geben und sagen: ach, es ist nicht der Saft, Kraft, Brunst und Feuer, die ich im

Psalter finde, es schmeckt mir zu kalt und zu hart“ (Luther).

Wo wir also in unseren Kirchen die Psalmen nicht mehr beten, da müssen wir den Psalter um so mehr in unsere täglichen Morgen- und Abendandachten aufnehmen, jeden Tag mehrere Psalmen möglichst gemeinsam lesen und beten, damit wir mehrmals im Jahr durch dieses Buch hindurchkommen und immer tiefer eindringen. Wir dürfen dann auch keine Auswahl nach eigenem Gutdünken vornehmen, damit tun wir dem Gebetbuch der Bibel Unehre und meinen besser zu wissen, was wir beten sollen, als Gott selbst. In der alten Kirche war es nichts Ungewöhnliches, „den ganzen David“ auswendig zu können. In einer orientalischen Kirche war dies Voraussetzung für das kirchliche Amt. Der Kirchenvater Hieronymus erzählt, daß man zu seiner Zeit in Feldern und Gärten Psalmen singen hörte. Der Psalter erfüllte das Leben der jungen Christenheit. Wichtiger als dies alles aber ist, daß Jesus mit Worten der Psalmen auf den Lippen am Kreuz gestorben ist.

Mit dem Psalter geht einer christlichen Gemeinde ein unvergleichlicher Schatz verloren, und mit seiner Wiedergewinnung werden ungeahnte Kräfte in sie eingehen.

Einteilung

Die Gegenstände, um die es im Psalmengebet geht, wollen wir folgendermaßen einteilen: die Schöpfung; das Gesetz; die Heilsgeschichte; der Messias; die Kirche;

das Leben; das Leiden; die Schuld; die Feinde; das Ende. Es wäre nicht schwer, alle diese Stücke dem Vaterunser einzuordnen und so zu zeigen, wie der Psalter ganz in das Gebet Jesu aufgenommen ist. Um aber nicht dieses Ergebnis unserer Betrachtungen vorwegzunehmen, wollen wir bei der den Psalmen selbst entnommenen Einteilung bleiben.

Die Schöpfung

Die Schrift verkündigt Gott als den Schöpfer Himmels und der Erden. Ihm Ehre, Lob und Dank zu bringen, rufen uns viele Psalmen auf. Es gibt jedoch keinen einzigen Psalm, der nur von der Schöpfung spricht. Immer ist es der Gott, der sich seinem Volk in seinem Wort schon offenbart hat, der als der Schöpfer der Welt erkannt werden soll. Weil Gott zu uns gesprochen hat, weil uns Gottes Name offenbar geworden ist, können wir ihn als den Schöpfer glauben. Sonst könnten wir ihn nicht kennen. Die Schöpfung ist ein Bild der Macht und Treue Gottes, die er uns in seiner Offenbarung in Jesus Christus erwiesen hat. Den Schöpfer, der sich uns als Erlöser offenbart hat, beten wir an.

Psalm 8 preist den Namen Gottes und sein gnädiges Tun am Menschen als – von der Schöpfung her unbegreifliche – Krönung seiner Werke. Ps. 19 kann von der Herrlichkeit des Laufes der Gestirne nicht sprechen, ohne sogleich in jähem, unvermitteltem neuem Einsatz der viel größeren Herrlichkeit der Offenbarung seines

Gesetzes zu gedenken und zur Buße zu rufen. Ps. 29 läßt uns die furchtbare Gewalt Gottes im Gewitter bewundern, und doch liegt ihr Ziel in der Kraft, dem Segen und dem Frieden, den Gott seinem Volk schenkt. Ps. 104 faßt die Fülle der Werke Gottes ins Auge und sieht sie zugleich als ein Nichts vor ihm, dessen Ehre allein ewig bleibt und der zuletzt die Sünder vertilgen muß.

Die Schöpfungspsalmen sind nicht lyrische Gedichte, sondern die Anleitung für das Volk Gottes, in der erfahrenen Heilsgnade den Weltschöpfer zu finden und zu ehren. Die Schöpfung dient den Gläubigen, und alle Kreatur Gottes ist gut, wenn wir sie mit Danksagung empfangen (1. Tim. 4, 3 f.). Danken aber können wir nur für das, was mit der Offenbarung Gottes in Jesus Christus in Einklang steht. Um Jesu Christi willen ist die Schöpfung mit all ihren Gaben da. So danken wir Gott mit, in und durch Jesus Christus, dem wir gehören, für die Herrlichkeit seiner Schöpfung.

Das Gesetz

Die drei Psalmen (1. 19. 119), die in besonderer Weise das Gesetz Gottes zum Gegenstand des Dankens, Lobens und Bittens machen, wollen uns vor allem die Wohltat des Gesetzes vor Augen führen. Unter „Gesetz“ ist dann meist die ganze Erlösungstat Gottes und die Weisung für ein neues Leben im Gehorsam zu verstehen. Die Freude am Gesetz, an den Geboten Gottes erfüllt uns, wenn Gott unserem Leben durch Jesus

Christus die große Wendung gegeben hat. Daß Gott mir sein Gebot einmal verbergen könnte (Ps. 119, 17), daß er mich eines Tages seinen Willen nicht erkennen lassen könnte, ist die tiefste Angst des neuen Lebens.

Es ist Gnade, Gottes Befehle zu kennen. Sie befreien uns von den selbstgemachten Plänen und Konflikten. Sie machen unsere Schritte gewiß und unseren Weg fröhlich. Gott gibt seine Gebote, damit wir sie erfüllen, und „seine Gebote sind nicht schwer" (1. Joh. 5, 3) für den, der in Jesus Christus alles Heil gefunden hat. Jesus ist selbst unter dem Gesetz gewesen und hat es in völligem Gehorsam gegen den Vater erfüllt. Gottes Wille wird seine Freude, seine Speise. So dankt er in uns für die Gnade des Gesetzes und schenkt uns die Freude in seiner Erfüllung. Nun bekennen wir unsere Liebe zum Gesetz, wir bekräftigen, daß wir es gern halten, und bitten, daß wir in ihm unsträflich bewahrt bleiben. Nicht in eigener Kraft tun wir das, sondern wir beten es im Namen Jesu Christi, der für uns und in uns ist.

Besonders schwer wird uns vielleicht der 119. Psalm um seiner Länge und Gleichmäßigkeit willen. Hier hilft uns ein ganz langsames, stilles, geduldiges Fortschreiten von Wort zu Wort, von Satz zu Satz. Dann erkennen wir, daß die scheinbaren Wiederholungen doch immer neue Wendungen der einen Sache sind, der Liebe zu Gottes Wort. Wie diese Liebe kein Ende nehmen kann, so auch die Worte nicht, die sie bekennen. Sie wollen uns durch ein ganzes Leben begleiten, und in ihrer Einfachheit werden sie zum Gebet des Kindes, des Mannes und des Greises.

Die Heilsgeschichte

Die Psalmen 78, 105, 106 erzählen uns von der Geschichte des Volkes Gottes auf Erden, von der erwählenden Gnade und Treue Gottes und von der Untreue und dem Undank seines Volkes. Ps. 78 hat überhaupt keine Gebetsanrede. Wie sollen wir diese Psalmen beten? Ps. 106 fordert uns zu Dank, Anbetung, Gelöbnis, Bitte, Sündenbekenntnis und Hilferuf angesichts der vergangenen Heilsgeschichte auf. Dank für die Güte Gottes, die über seinem Volk in Ewigkeit währt, die auch wir Heutigen erfahren wie unsere Väter; Anbetung für die Wunder, die Gott uns zugute tat, von der Erlösung seiner Gemeinde aus Ägypten bis zu Golgatha; Gelöbnis, das Gebot Gottes treuer zu halten als bisher; Bitte um die Gnade Gottes hierzu nach seiner Verheißung; Bekenntnis der eigenen Sünde, Untreue und Unwürdigkeit angesichts so großer Barmherzigkeit; Hilferuf um endliche Sammlung und Erlösung des Volkes Gottes.

Wir beten diese Psalmen, indem wir all das, was Gott einst an seinem Volk tat, als uns getan ansehen, indem wir unsere Schuld und Gottes Gnade bekennen, indem wir Gott auf Grund seiner vormaligen Wohltaten seine Verheißungen vorhalten und um ihre Erfüllung bitten, indem wir schließlich die ganze Geschichte Gottes mit seiner Gemeinde erfüllt sehen in Jesus Christus, durch den uns geholfen wurde und wird. Um Jesu Christi willen bringen wir Gott Dank, Bitte und Bekenntnis.

Gottes Heilsgeschichte kommt zur Vollendung in der Sendung des Messias. Von diesem Messias hat nach Jesu eigener Auslegung der Psalter geweissagt (Luk. 24, 44). Die Psalmen 22 und 69 sind der Gemeinde als die Leidenspsalmen Christi bekannt.

Den Anfang des 22. Psalms hat Jesus am Kreuz selbst gebetet und so ganz deutlich zu seinem Gebet gemacht. Den 23. Vers legt Hebr. 2, 12 Christus in den Mund. Die Verse 9 und 19 sind unmittelbare Weissagungen auf die Kreuzigung Jesu. Mag David selber einst diesen Psalm in seinem eigenen Leid gebetet haben, so tat er es doch als der von Gott gesalbte und darum von den Menschen verfolgte König, aus dem Christus kommen sollte. Er tat es als der, der Christus in sich trug. Christus aber nahm sich dieses Gebetes an, und erst für ihn galt es in vollem Sinne. Wir aber können diesen Psalm nur beten in der Gemeinschaft Jesu Christi, als die, die an Christi Leiden teil bekommen haben. Nicht aus unserem zufälligen, persönlichen Leiden, sondern aus dem Christusleiden, das auch über uns gekommen ist, beten wir diesen Psalm. Immer aber hören wir Jesus Christus mit uns beten und durch ihn hindurch jenen alttestamentlichen König; und dieses Gebet nachsprechend, ohne es je in seiner ganzen Tiefe ermessen oder erfahren zu können, treten wir mit Christus betend vor den Thron Gottes.

Im Psalm 69 pflegt der 6. Vers Schwierigkeiten zu bereiten, weil hier Christus Gott seine Torheit und Schulden klagt. Gewiß hat David hier von seiner persönlichen Schuld gesprochen. Christus aber spricht von der Schuld aller Menschen, auch von der des David und meiner eigenen, die er auf sich genommen und getragen hat, und für die er nun den Zorn des Vaters erleidet. Der wahre Mensch Jesus Christus betet in diesem Psalm und nimmt uns in sein Gebet hinein.

Die Psalmen 2 und 110 bezeugen den Sieg Christi über seine Feinde, die Aufrichtung seines Reiches, die Anbetung durch das Volk Gottes. Auch hier knüpft die Weissagung an David und sein Königtum an. Wir aber erkennen in David schon den künftigen Christus. Luther nennt den 110. Psalm „den rechten hohen Hauptpsalm von unserem lieben Herrn Jesu Christo“.

Die Psalmen 20, 21 und 72 beziehen sich ursprünglich zweifellos auf das irdische Königtum Davids und Salomos. Ps. 20 bittet um den Sieg des messianischen Königs über seine Feinde, um die Annahme seines Opfers durch Gott; Ps. 21 dankt für Sieg und Krönung des Königs, Ps. 72 bittet für Recht und Hilfe der Armen, um Frieden, beständige Herrschaft, ewigen Ruhm im Reiche des Königs. Wir beten in diesen Psalmen um den Sieg Jesu Christi in der Welt, wir danken für den gewonnenen Sieg und bitten um die Aufrichtung des Reiches der Gerechtigkeit und des Friedens unter dem König Jesus Christus. Dahin gehört auch Ps. 61, 7 ff.; 63, 12.

Von der Liebe zu dem messianischen König spricht der viel umstrittene 45. Psalm, von seiner Schönheit, seinem Reichtum, seiner Macht. Bei der Hochzeit mit diesem König soll die Braut ihres Volkes und ihres Vaterhauses vergessen (V. 11) und dem König huldigen. Ihm allein soll sie sich schmücken und mit Freude bei ihm einziehen. Das ist das Lied und das Gebet von der Liebe zwischen Jesus, dem König, und seiner Gemeinde, die ihm zugehört.

Die Kirche

Von Jerusalem, der Stadt Gottes, von den großen Festen des Gottesvolkes, vom Tempel und den schönen Gottesdiensten singen die Psalmen 27, 42, 46, 48, 63, 81, 84, 87 u. a. Es ist die Gegenwart des Gottes des Heils in seiner Gemeinde, für die wir hier danken, über die wir uns freuen, nach der wir uns sehnen. Was für den Israeliten der Berg Zion und der Tempel, das ist für uns die Kirche Gottes in aller Welt, wo immer Gott in seinem Wort und Sakrament bei seiner Gemeinde Wohnung macht. Diese Kirche wird allen Feinden zum Trotz bleiben (Ps. 46), ihre Gefangenschaft unter die Mächte der gottlosen Welt wird ein Ende nehmen (126, 137). Der in Christus seiner Gemeinde gegenwärtige, gnädige Gott ist die Erfüllung allen Dankens, aller Freude und Sehnsucht der Psalmen. Wie Jesus, in dem doch Gott selbst wohnt, nach der Gemeinschaft Gottes Verlangen hatte, weil er ein Mensch wie wir gewesen war (Luk. 2, 49), so betet er mit uns um die völlige Nähe und Gegenwart Gottes bei den Seinen.

Gott hat verheißen, im Gottesdienst seiner Gemeinde gegenwärtig zu sein. So hält die Gemeinde nach Gottes Ordnung ihren Gottesdienst. Den vollkommenen

Gottesdienst aber hat Jesus Christus selbst dargebracht, indem er alle verordneten Opfer in seinem freiwilligen, sündlosen Opfer vollendete. Christus brachte das Opfer Gottes für uns und unsere Opfer für Gott in sich selbst dar. Uns bleibt nur noch das Lob- und Dankopfer in Gebeten, Liedern und in einem Leben nach Gottes Geboten (Ps. 15, Ps. 50). So wird unser ganzes Leben zum Gottesdienst, zum Dankopfer. Zu solchem Dankopfer will sich Gott bekennen und dem Dankbaren sein Heil zeigen (Ps. 50, 23). Gott um Christi willen dankbar zu werden und ihn in der Gemeinde mit Herzen, Mund und Händen zu loben, das wollen uns die Psalmen lehren.

Das Leben

Es fällt vielen ernsten Christen beim Beten der Psalmen auf, wie häufig die Bitte um Leben und Glück begegnet. Aus dem Blick auf das Kreuz Christi erwächst manchem der ungesunde Gedanke, als seien das Leben und sichtbare irdische Segnungen Gottes an sich schon ein zweifelhaftes und jedenfalls nicht zu begehrendes Gut. Sie nennen dann die entsprechenden Gebete des Psalters eine unvollkommene Vorstufe alttestamentlicher Frömmigkeit, die im Neuen Testament überwunden sei. Damit aber wollen sie geistlicher sein als Gott selbst.

Wie die Bitte um das tägliche Brot das ganze Gebiet der Notdurft des leiblichen Lebens umfaßt, so gehört die Bitte um Leben, Gesundheit und sichtbare Erweise der Freundlichkeit Gottes notwendig zu dem Gebet, das sich an Gott, den Schöpfer und Erhalter dieses Lebens, richtet. Das leibliche Leben ist nicht verächtlich, sondern dazu hat Gott uns seine Gemeinschaft in Jesus Christus geschenkt, daß wir in diesem – und dann freilich auch in jenem Leben von ihm leben können. Dazu gibt er uns die irdischen Gebete, damit wir ihn desto besser erkennen, loben und lieben können. Gott will, daß es den Frommen auf Erden wohlergeht (Ps. 37). Dieser Wille wird auch durch das Kreuz Christi nicht außer Kraft gesetzt, sondern vielmehr bestätigt, und gerade dort, wo Menschen in der Nachfolge Jesu viele Entbehrungen auf sich nehmen müssen, wie die Jünger, werden sie auf die Frage Jesu: „Habt ihr auch je Mangel gehabt?" antworten: „Niemals!" (Luk. 22, 35). Voraussetzung dafür ist die Erkenntnis des Psalmes: „Das Wenige, das ein Gerechter hat, ist besser als das große Gut vieler Gottloser" (Ps. 37, 16).

Wir dürfen wirklich kein schlechtes Gewissen dabei haben, mit dem Psalter um Leben, Gesundheit, Friede, irdisches Gut zu beten, wenn wir nur wie der Psalm selbst dies alles als Erweise der gnädigen Gemeinschaft Gottes mit uns erkennen und dabei festhalten, daß Gottes Güte besser ist denn Leben (Ps. 63, 4 f.; 73, 25 f.).

Der 103. Psalm lehrt uns die ganze Fülle der Gaben Gottes, von der Erhaltung des Lebens bis zur Vergebung der Sünden, als eine große Einheit zu verstehen und für sie dankend und lobend vor Gott zu treten (vgl. auch Ps. 65). Um Jesu Christi willen gibt und erhält uns der Schöpfer das Leben. So will er uns bereit machen, zuletzt durch den Verlust aller irdischen

Güter im Tode das ewige Leben zu gewinnen. Allein um Jesu Christi willen und auf sein Geheiß dürfen wir um die Lebensgüter beten, und um seinetwillen sollen wir es auch mit Zuversicht tun. Wenn wir aber empfangen, wessen wir bedürfen, so sollen wir nicht aufhören, Gott von Herzen zu danken, daß er um Jesu Christi willen so freundlich ist.

Das Leiden

„Wo findest du kläglichere, jämmerlichere Worte an Traurigkeit, denn die Klagepsalmen haben? Da siehst du allen Heiligen ins Herz, wie in den Tod, ja wie in die Hölle. Wie finster und dunkel ist's da an allerlei betrübtem Anblick des Zornes Gottes" (Luther).

In rechter Weise in den vielfachen Leiden, die die Welt über uns bringt, vor Gott zu kommen, lehrt uns der Psalter reichlich. Schwere Krankheit und tiefe Verlassenheit von Gott und Menschen, Bedrohung, Verfolgung, Gefangenschaft und was es an erdenklicher Not auf Erden gibt, die Psalmen kennen es (13, 31, 35, 41, 44, 54, 55, 56, 61, 74, 79, 86, 88, 102, 105 u. a.). Sie leugnen es nicht ab, sie täuschen sich nicht mit frommen Worten darüber hinweg, sie lassen es als harte Anfechtung des Glaubens stehen, ja sie sehen manchmal nicht mehr über das Leiden hinaus (Ps. 88), aber sie alle klagen es Gott. Kein einzelner Mensch kann aus eigener Erfahrung die Klagepsalmen nachbeten; es ist die Not der ganzen Gemeinde zu allen Zeiten, wie sie Jesus Christus nur allein ganz erfahren hat, die hier ausgebreitet ist. Weil sie mit Gottes Willen geschieht, ja weil Gott sie ganz weiß und besser weiß als wir selbst, darum kann auch nur Gott selbst helfen, aber darum müssen auch alle Fragen immer wieder gegen Gott selbst anstürmen.

Es gibt in den Psalmen keine allzu geschwinde Ergebung in das Leiden. Immer geht es durch Kampf, Angst, Zweifel hindurch. An Gottes Gerechtigkeit, die den Frommen vom Unglück getroffen werden, den Gottlosen aber frei ausgehen läßt, ja an Gottes gutem, gnädigem Willen wird gerüttelt (Ps. 44, 25). Zu unbegreiflich ist sein Handeln. Aber selbst in der tiefsten Hoffnungslosigkeit bleibt Gott allein der Angeredete. Weder wird von Menschen Hilfe erwartet noch verliert der Geplagte in Selbstbemitleidung den Ursprung und das Ziel aller Not, Gott, aus den Augen. Er tritt zum Kampf gegen Gott für Gott an. Dem zornigen Gott wird seine Verheißung ungezählte Male vorgehalten, seine frühere Wohltat, die Ehre seines Namens unter den Menschen.

Bin ich schuldig, warum vergibt Gott nicht? Bin ich unschuldig, warum macht er der Qual kein Ende und erweist meine Unschuld vor meinen Feinden? (Ps. 38, 79, 44). Eine theoretische Antwort auf alle diese Fragen gibt es nicht, sowenig wie im Neuen Testament. Die einzige wirkliche Antwort heißt: Jesus Christus. Diese Antwort aber wird in den Psalmen schon erbeten. Es ist ihnen ja allen gemeinsam, daß sie alle Not und Anfechtung auf Gott werfen: Wir können sie nicht mehr tragen, nimm du sie uns ab und trage sie selbst, du allein kannst mit dem Leiden fertig werden. Das ist das Ziel aller Klagepsalmen. Sie beten um den, der die Krankheit auf sich lud und alle unsere Gebrechen trug, Jesus Christus, sie predigen Jesus Christus als die einzige Hilfe in den Leiden; denn in ihm ist Gott bei uns.

Um die volle Gemeinschaft mit Gott, der die Gerechtigkeit und die Liebe ist, geht es in den Klagepsalmen. Aber nicht nur ist Jesus Christus das Ziel unseres Betens, sondern er ist auch in unserem Beten selbst mit dabei. Er, der alle Not getragen hat, hat sie vor Gott gebracht, um unsertwillen hat er in Gottes Namen gebetet: „Nicht wie ich will, sondern wie du willst." Um unsertwillen hat er am Kreuz geschrieen: „Mein Gott, mein Gott, warum hast du mich verlassen?" Nun wissen wir, daß es kein Leiden auf Erden mehr gibt, in dem nicht Christus bei uns wäre, mit uns leidend, betend, der einzige Helfer.

Auf diesem Grunde wachsen die großen Vertrauenspsalmen. Ein Gottvertrauen ohne Christus ist leer und ohne Gewißheit, ja es kann nur eine andere Form des Selbstvertrauens sein. Wer aber weiß, daß Gott in Jesus Christus selbst in unser Leiden eingegangen ist, der darf mit großem Vertrauen sagen: „Du bist bei mir, dein Stecken und Stab trösten mich" (Ps. 23, 37, 63, 73, 91, 121).

Die Schuld

Seltener als wir erwarten, begegnet uns im Psalter das Gebet um Vergebung der Sünden. Die meisten Psalmen setzen die volle Gewißheit der Vergebung der Sünden voraus. Das mag uns überraschen. Aber auch im Neuen Testament verhält es sich nicht anders. Es ist eine Verkürzung und Gefährdung des christlichen Gebetes, wenn es ausschließlich um die Vergebung der Sünden kreist. Es gibt ein getrostes Hinter-sich-Lassen der Sünde um Jesu Christi willen.

Dennoch fehlt im Psalter keineswegs das Bußgebet. Die sogenannten 7 Bußpsalmen (6, 32, 38, 51, 102, 130, 143) aber nicht nur sie (Ps. 14, 15, 25, 31, 39, 40, 41 u. a.) führen uns in die ganze Tiefe der Sündenerkenntnis vor Gott, sie helfen uns zum Bekenntnis der Schuld, sie lenken unser ganzes Vertrauen auf die vergebende Gnade Gottes, so daß Luther sie mit Recht „paulinische Psalmen" genannt hat. Meist führt ein besonderer Anlaß zu solchem Gebet, sei es eine schwere Schuld (Ps. 32, 51), sei es ein unerwartetes Leiden, das in die Buße treibt (Ps. 38, 102). Jedesmal wird alle Hoffnung auf die freie Vergebung gesetzt, wie sie uns Gott in seinem Wort von Jesus Christus für alle Zeiten angeboten und zugesagt hat.

Der Christ wird beim Beten dieser Psalmen kaum Schwierigkeiten finden. Jedoch könnte die Frage entstehen, wie es zu denken sei, daß Christus auch diese Psalmen mit uns betet. Wie kann der Sündlose um Vergebung bitten? Nicht anders als wie der Sündlose die Sünde aller Welt tragen und für uns zur Sünde gemacht werden kann (2. Kor. 5, 21). Nicht um seiner, aber um unserer Sünde willen, die er selbst auf sich genommen hat und für die er leidet, betet Jesus um Vergebung der Sünde. Er stellt sich ganz zu uns, er will vor Gott ein Mensch sein wie wir. So betet er auch das menschlichste aller Gebete mit uns und erweist sich gerade dabei als wahrer Sohn Gottes.

Besonders auffallend und anstößig ist dem evangelischen Christen vielfach die Tatsache, daß im Psalter mindestens ebenso oft von der Unschuld wie von der Schuld der Frommen gesprochen wird (vgl. Ps. 5, 7, 9, 16, 17, 26, 35, 41, 44, 59, 66, 68, 69, 73, 86 u. a.). Hier scheint ein Rest sogenannter alttestamentlicher Werkgerechtigkeit sichtbar zu werden, mit dem der Christ nichts mehr anfangen kann. Doch bleibt diese Betrachtung ganz an der Oberfläche und weiß nichts von der Tiefe des Wortes Gottes. Es ist gewiß, daß man von der eigenen Unschuld in selbstgerechter Weise sprechen kann, aber wissen wir denn nicht, daß man auch die demütigsten Sündenbekenntnisse sehr selbstgerecht beten kann? Von der eigenen Schuld kann ebenso fern von Gottes Wort geredet werden wie von der eigenen Unschuld.

Aber nicht das ist ja die Frage, welche möglichen Motive hinter einem Gebet stehen, sondern ob der Inhalt des Gebetes selbst recht oder unrecht ist. Hier aber ist es deutlich, daß der gläubige Christ durchaus nicht nur etwas von seiner Schuld, sondern auch etwas jedenfalls ebenso Wichtiges über seine Unschuld und Gerechtigkeit zu sagen hat. Es gehört zum Glauben des Christen, daß er durch Gottes Gnade und das Verdienst Jesu Christi ganz gerecht und unschuldig vor Gottes Augen geworden ist, daß „nichts Verdammliches an denen ist, die in Christus Jesus sind" (Röm. 8, 1). Und es gehört zum Gebet des Christen, daß es an dieser ihm zuteil gewordenen Unschuld und Gerechtigkeit festhält, sich auf Gottes Wort beruft und für sie dankt. So dürfen wir nicht nur, sondern so müssen wir geradezu, wenn anders wir Gottes Handeln an uns überhaupt ernst nehmen, in aller Demut und Gewißheit beten: „Ich bin ohne Tadel vor ihm und hüte mich vor Sünden" (Ps. 18, 24), „du prüfst mein Herz und findest nichts" (Ps. 17, 3). Mit solchem Gebet stehen wir mitten im Neuen Testament, in der Kreuzesgemeinschaft Jesu Christi.

Besonders stark tritt die Beteuerung der Unschuld in den Psalmen hervor, die von der Bedrängnis durch gottlose Feinde handeln. Hier ist mehr an das Recht der Sache Gottes gedacht, die freilich dem, der ihr anhängt, auch recht gibt. Daß wir um der Sache Gottes willen verfolgt werden, setzt uns wirklich ins Recht gegenüber dem Feind Gottes. Neben der sachlichen Unschuld, die freilich niemals nur eine sachliche sein kann, weil die Sache der Gnade Gottes uns ja immer auch persönlich betrifft, kann dann in einem solchen Psalm das persönliche Schuldbekenntnis stehen (Ps. 41, 5; 69, 6), das ja wiederum nur ein Anzeichen dafür ist, daß ich wirklich an der Sache Gottes hänge. Ich kann dann sogar im selben Atem bitten: „Richte mich und führe meine Sache wider das unheilige Volk" (Ps. 43, 1).

Es ist ein durchaus unbiblischer und zersetzender Gedanke, daß wir niemals unschuldig leiden können, solange in uns selbst noch irgendein Fehler steckt. So urteilt weder das Alte noch das Neue Testament. Werden wir um der Sache Gottes willen verfolgt, so leiden wir unschuldig, das heißt ja, dann leiden wir mit Gott selbst; und daß wir wirklich mit Gott und darum unschuldig sind, wird sich gerade darin erweisen, daß wir um Vergebung unserer Sünden bitten.

Aber auch nicht nur gegenüber den Feinden Gottes sind wir unschuldig, sondern auch vor Gott selbst; denn er sieht uns nun mit seiner Sache verbunden, in die er uns selbst hineingezogen hat, und vergibt uns unsere Sünden. So münden alle Unschuldspsalmen ein in das Lied: „Christi Blut und Gerechtigkeit, das ist mein Schmuck und Ehrenkleid, damit will ich vor Gott bestehn, wenn ich zum Himmel werd eingehn."

Die Feinde

Kein Stück des Psalters bereitet uns heute größere Not als die sogenannten Rachepsalmen. In erschreckender Häufigkeit durchdringen ihre Gedanken den ganzen Psalter (5, 7, 9, 10, 13, 16, 21, 23, 28, 31, 35, 36, 40, 41, 44, 52, 54, 55, 58, 59, 68, 69, 70, 71, 137 u. a.). Hier scheinen alle Versuche mitzubeten zum Scheitern verurteilt, hier scheint nun wirklich die sogenannte religiöse Vorstufe gegenüber dem Neuen Testament vorzuliegen. Christus betete am Kreuz für seine Feinde und lehrte uns ebenso beten. Wie können wir noch mit den Psalmen Gottes Rache über die Feinde herbeirufen? Die Frage ist also: Lassen sich die Rachepsalmen als Gottes Wort für uns und als Gebet Jesu Christi verstehen? Können wir als Christen diese Psalmen beten? Wohlgemerkt, wiederum fragen wir nicht nach möglichen Motiven, die wir doch nicht ergründen können, sondern nach dem I n h a l t des Gebetes.

Die Feinde, von denen hier gesprochen wird, sind Feinde der Sache Gottes, die uns um Gottes willen angreifen. Es handelt sich also nirgends um persönlichen Streit. Nirgends will der Psalmenbeter die Rache in eigene Hand nehmen, er befiehlt die Rache Gott allein (vgl. Röm. 12, 19). Damit muß er sich selbst aller persönlichen Rachegedanken entschlagen, er muß frei sein von eigenem Rachedurst, sonst wäre die Rache nicht ernstlich Gott befohlen. Ja, nur wer selbst unschuldig ist gegenüber dem Feind, kann Gott die Rache anheimgeben. Das Gebet um die Rache Gottes ist das Gebet um die Vollstreckung seiner Gerechtigkeit im Gericht über die Sünde. Dieses Gericht muß ergehen, wenn Gott zu seinem Wort steht, es muß ergehen, wen es auch trifft; ich selbst gehöre mit meiner Sünde mit unter dieses Gericht. Ich habe kein Recht, dieses Gericht hindern zu wollen. Es muß erfüllt werden um Gottes willen, und es ist erfüllt worden, freilich in wunderbarer Weise.

Gottes Rache traf nicht die Sünder, sondern den einzig Sündlosen, der an der Sünder Stelle getreten ist, den Sohn Gottes. Jesus Christus trug die Rache Gottes, um deren Vollstreckung der Psalm betet. Er stillte Gottes Zorn über die Sünde und betete in der Stunde der Vollstreckung des göttlichen Gerichtes: „Vater, vergib ihnen, denn sie wissen nicht, was sie tun!" Kein anderer als er, der den Zorn Gottes selbst trug, konnte so beten. Das war das Ende aller falschen Gedanken über die Liebe Gottes, der die Sünde nicht so ernst nimmt. Gott haßt und richtet seine Feinde an dem einzigen Gerechten, und dieser bittet für die Feinde Gottes um Vergebung. Nur im Kreuz Jesu Christi ist die Liebe Gottes zu finden.

So führt der Rachepsalm zum Kreuz Jesu und zur vergebenden Feindesliebe Gottes. Nicht ich kann von mir aus den Feinden Gottes vergeben, sondern allein der gekreuzigte Christus kann es, und ich darf es durch ihn. So wird die Vollstreckung der Rache zur Gnade für alle Menschen in Jesus Christus.

Gewiß ist es ein bedeutsamer Unterschied, ob ich mit dem Psalm in der Zeit der Verheißung oder ob ich in der Zeit der Erfüllung stehe; aber dieser Unterschied gilt für alle Psalmen. Ich bete den Rachepsalm in der Gewißheit seiner wunderbaren Erfüllung, ich stelle Gott die Rache anheim und bitte ihn um die Vollstreckung seiner Gerechtigkeit an all seinen Feinden und weiß, daß Gott sich treu geblieben ist und sich Recht verschafft hat in seinem zornigen Gericht am Kreuz, und daß uns dieser Zorn zur Gnade und Freude geworden ist. Jesus Christus selbst bittet um die Vollstreckung der Rache Gottes an seinem Leibe, und er führt mich so täglich zu dem Ernst und der Gnade seines Kreuzes für mich und alle Feinde Gottes zurück.

Auch heute kann ich nur durch das Kreuz Christi, durch die Vollstreckung der Rache Gottes hindurch Gottes Liebe glauben und den Feinden vergeben. Das Kreuz Jesu gilt allen. Wer sich ihm widersetzt, wer das Wort vom Kreuz Jesu verdirbt, an dem muß sich Gottes Rache selbst vollstrecken, er muß den Fluch Gottes tragen in dieser oder in jener Zeit. Von diesem Fluch aber, der denen gilt, die Christus hassen, spricht das Neue Testament in aller Klarheit und unterscheidet sich darin in nichts vom Alten, aber auch von der Freude der Gemeinde an dem Tage, an dem Gott sein letztes Gericht vollstrecken wird (Gal. 1, 8 f.; 1. Kor. 16, 22; Offenbarung 18; 19; 20, 11). So lehrt uns der gekreuzigte Jesus, die Rachepsalmen recht zu beten.

Das Ende

Die Hoffnung der Christen richtet sich auf die Wiederkunft Jesu und die Auferstehung der Toten. Im Psalter findet sich diese Hoffnung nicht wörtlich ausgesprochen. Was sich seit der Auferstehung Jesu für die Kirche in eine lange Reihe heilsgeschichtlicher Ereignisse am Ende aller Dinge aufgegliedert hat, ist für den Blick des Alten Testaments noch ein einziges unteilbares Ganzes. Das Leben in der Gemeinschaft mit dem Gott der Offenbarung, der endliche Sieg Gottes in der Welt und die Aufrichtung des messianischen Königtums sind Gegenstand des Gebetes in den Psalmen.

Der Sache nach liegt hier kein Unterschied zum Neuen Testament. Zwar bitten die Psalmen um Gemeinschaft mit Gott im irdischen Leben, aber sie wissen, daß diese Gemeinschaft nicht im irdischen Leben aufgeht, sondern weit darüber hinausreicht, ja im Gegensatz zu ihm steht (Ps. 17, 14 f.; 6, 34). So ist das Leben in der Gemeinschaft mit Gott immer schon jenseits des Todes. Der Tod ist zwar das unwiderrufliche bittere Ende für Leib und Seele. Er ist der Sünde Sold, und die Erinnerung an ihn tut not (Ps. 39. 90). Jenseits des Todes ist aber der ewige Gott (Ps. 90. 102). Darum wird nicht der Tod, sondern das Leben in der Kraft Gottes triumphieren (Ps. 16, 9 ff.; 56, 14; 49, 16; 73, 24; 118, 15 ff.). Dieses Leben finden wir in der Auferstehung Jesu Christi, und wir erbitten es für diese und jene Zeit.

Die Psalmen vom Endsieg Gottes und seines Messias (2. 96. 97. 98. 110. 148–150) führen uns in Lob, Dank und Bitte an das Ende aller Dinge, wenn alle Welt Gott die Ehre geben wird, wenn die erlöste Gemeinde mit Gott in Ewigkeit herrschen wird, wenn die Mächte des Bösen fallen und Gott allein die Macht behält.

Bitte um den Geist des Lebens

Wir haben diesen kurzen Gang durch den Psalter unternommen, um einige Psalmen vielleicht besser beten zu lernen. Es wäre nicht schwer, alle die genannten Psalmen dem Vaterunser einzuordnen. Wir brauchten in der Reihenfolge der Abschnitte, die wir besprachen, nur wenig zu ändern. Wichtig aber ist allein dies, daß wir von neuem und mit Treue und Liebe die Psalmen im Namen unseres Herrn Jesu Christi zu beten beginnen.

„Unser lieber Herr, der uns den Psalter und das Vaterunser zu beten gelehrt und gegeben hat, verleihe uns auch den Geist des Gebetes und der Gnade, daß wir mit Lust und ernstem Glauben recht und ohne Aufhören beten, denn es tut uns not; so hat er's geboten und will's also von uns haben. Dem sei Lob, Ehre und Dank. Amen.“ (Luther.)

Der Segen des Morgengebetes

Aus der gewonnenen Einheit des Tages empfängt der ganze Tag Ordnung und Zucht. Im morgendlichen Gebet muß sie gesucht und gefunden werden, in der Arbeit wird sie bewährt. Das Gebet in der Frühe entscheidet über den Tag. Vergeudete Zeit, derer wir uns schämen, Versuchungen, denen wir erliegen, Schwäche und Mutlosigkeit in der Arbeit, Unordnung und Zuchtlosigkeit in unseren Gedanken und im Umgang mit anderen Menschen haben ihren Grund sehr häufig in der Vernachlässigung des morgendlichen Gebetes.

Ordnung und Einteilung unserer Zeit wird fester, wo sie aus dem Gebet kommt. Versuchungen, die der Werktag mit sich bringt, werden überwunden aus dem Durchbruch zu Gott. Entscheidungen, die die Arbeit fordert, werden einfacher und leichter, wo sie nicht in Menschenfurcht, sondern allein vor Gottes Angesicht gefällt werden. „Alles, was ihr tut, das tut von Herzen als dem Herrn und nicht den Menschen" (Kol. 3, 23). Auch mechanisches Arbeiten wird geduldiger getan, wenn es aus der Erkenntnis Gottes und seines Befehles kommt. Die Kräfte zur Arbeit nehmen zu, wo wir Gott darum gebeten haben, er wolle uns heute die Kraft geben, die wir für unsere Arbeit brauchen.

Dietrich Bonhoeffer

Der Vater war ein großer Arzt in Berlin, Psychiater auf dem ersten Lehrstuhl Deutschlands; die Vorväter Bürgermeister und Pfarrer. In Schwäbisch-Hall stehen alte hohe Grabsteine in der Kirche mit dem Namen Bonhoeffer. Die Mutter war eine Enkelin Karl von Hases, Professor der Kirchengeschichte an der Universität Jena, der viel Zulauf hatte. Er hat in seiner Jugend einmal auf dem Hohen Asperg in Festungshaft gesessen, weil er sich für die Freiheiten der Burschenschaften einsetzte.

Das natürliche Bedürfnis zu helfen und eine unbefangene Tatkraft rühmt Dietrich Bonhoeffer seiner Mutter nach; eine ungemein kluge Vorsicht und Konzentration auf das Erreichbare seinem Vater. Unter dem ersten bewußten Eindruck der Persönlichkeit seines Vaters sei bei ihm eine „Abkehr vom Phraseologischen zum Wirklichen" erfolgt. Unbestechlich in der Erziehung zur Leistung ist er gewesen und empfindlich gegen alle übersteigerten Gefühle. „Ich habe es als einen der stärksten geistigen Erziehungsfaktoren in unserer Familie empfunden, daß man uns soviele Hemmungen zu überwinden gegeben hat in bezug auf Sachlichkeit, Klarheit, Natürlichkeit, Takt, Einfachheit, bevor wir zu eigenen Äußerungen gelangen konnten", schreibt Dietrich in einem der letzten erhaltenen Briefe.

Am 4. Februar 1906 in Breslau geboren wuchs er in einer großen Geschwisterschar in Berlin-Grunewald auf. Er war ein starker und gewandter Junge. Er hatte es nicht gern, in einem Wettkampf zu verlieren. Er verlor auch nicht. Als er einmal mit einem großen Eichenkranz um die Schulter nach Haus kam, konnte er es kaum verwinden, daß die Geschwister ihn in seinem Schmucke auslachten. Sie meinten, daß es wohl ganz schön ist, zu gewinnen, aber weniger schön, es zu zeigen. In den Nachbarhäusern lebten die Kinder Adolf von Harnacks und Hans Delbrücks. Mit ihnen wurde gefeiert und musiziert – Dietrich wurde ein leidenschaftlicher Klavierspieler –, mit ihnen diskutiert und gewandert.

„In meinen Fantasien lebe ich viel in der Natur, und zwar eigentlich im sommerlichen Mittelgebirge, das heißt in den Waldwiesen bei Friedrichsbrunn oder auf den Hängen, von denen man über Treseburg auf den Brocken sieht. Ich liege dann auf dem Rücken im Grase, sehe bei leichtem Wind die Wolken ziehen und höre die Geräusche des Waldes. Es ist merkwürdig, wie stark Kindheitseindrücke dieser Art gestaltend auf den ganzen Menschen einwirken, so daß es mir geradezu unmöglich und meinem Wesen widersprechend erschiene, daß wir etwa ein Haus im Hochgebirge oder auch am Meer gehabt haben könnten! Das Mittelgebirge ist für mich die Natur, die zu mir gehört – Harz, Thüringer Wald, Wesergebirge – bzw. die mich mitgebildet hat", so lebt diese Zeit bei ihm in der Zelle.

In einem Romanfragment schildert er das Zusammenwachsen zweier bürgerlicher Familien hinein in die Vielfalt der öffentlichen Verantwortungen. Eine reiche Vergangenheit wird ständig erneuert; das unbefangene Teilnehmen an allem Menschlichen ist wach. Das ist das Erbe, das Bonhoeffer dankbar in sich trägt. Er hat dann erlebt, daß selbst im Zerfall so vieler menschlicher Beziehungen in der Hitlerzeit die weite und geliebte Familie nur fester und tiefer zusammenstand, so verschieden die Berufe und Arbeitsziele auch wurden. Kein Schatten fiel auf den gemeinsamen Einsatz während der härtesten Zerreißproben. Jeder wußte, daß das Herz des andern reagierte wie das eigene, ob im Elternhaus, ob im fernen, schmerzlichen Exil der Geschwister.

Mit 16 Jahren wußte er, daß er Theologe werden wollte. Nach einem Jahr Tübingen immatrikulierte er sich in Berlin 1924 und verbrachte hier seine Studienzeit. Des Morgens fuhr er in der Stadtbahn zusammen mit dem greisen Adolf von Harnack zur Universität. Einst hatte Harnack den erregten Streit gehabt, als er das Glaubensbekenntnis der Kirche verändern wollte, weil er durchaus nur sagen wollte, was er selber verstand. Jetzt freute er sich, mit dem jungen Theologen zu reden, in dem er eine neue Generation kommen fühlte, die nicht um Sätze mehr streiten, sondern ihre Glaubenssätze in der Gefahr bekennen sollte. „Ich habe das beste Zutrauen zu Ihrer Arbeit und Ihrem Fortschreiten auf der richtigen Bahn“, schrieb er an Dietrich, als er aus seiner Arbeitsgemeinschaft ausscheiden mußte. Wenn Bonhoeffer auch neben Harnack die einflußreichen Berliner Lehrer Holl und R. Seeberg und Lietzmann und Lütgert gehört und ihr Wohlwollen erworben hatte, wurde er doch bald ein hauptbeteiligter Mitträger der modernen „Theologie der Kirche“, der Theologie Karl Barths, bei dem er doch nie studiert hatte.

Man erzählt sich, daß er einmal als Gast an einer Seminarstunde Barths in Bonn teilgenommen hat, in deren Diskussion er ein Lutherzitat einwarf: „Der Fluch des Gottlosen kann in Gottes Ohren angenehmer tönen als das Halleluja der Frommen." „Wer hat das eingeworfen?" habe Barth enthusiasmiert gefragt – und so habe er Dietrich Bonhoeffer kennengelernt. Mit 21 Jahren legte er seine Promotionsarbeit vor, eine dogmatische Untersuchung über die Communio Sanctorum. Und in „Akt und Sein", seiner späteren Habilitationsschrift, bestimmt er in souveräner Beherrschung des philosophischen Rüstzeuges die Stellung und Bedeutung der dialektischen Theologie.

1928 wurde er Vikar in Barcelona. Meisterhaft hat er von dem faszinierenden Ritual des Stierkampfes erzählt. Wie oft suchte er uns zu überzeugen, daß es kaum eine aristokratischere Äußerung einer alten Kultur gebe.

1929 war er wieder in Berlin, und man übertrug ihm eine Konfirmandenklasse auf dem Wedding, mit der niemand mehr fertig werden konnte. Ihm gelang es, die Jungen so an seine Sache zu binden, daß noch viele Jahre danach eine Gruppe aus ihnen ihre Freizeit in der Wohnlaube in Biesenthal bei Berlin verbrachte, die Bonhoeffer für sie erworben hatte. „Welche Schuld trifft die, die man ins Leben hineingestoßen hat, ohne ihnen Boden unter die Füße zu geben? Kannst du an ihnen vorübergehen?" fragt der Proletarier den Sohn des Bürgers in einem Dramenfragment, in dem Bonhoeffer 1943 im Gefängnis wiederaufnimmt, was ihn mit dieser bindungslosen Jugend damals beschäftigt hat.

„Ja, Boden unter die Füße... Ich habe das sonst nicht gewußt."

Nach der Habilitation schickte ihn der Oberkirchenrat zu einem Studienjahr auf das Union Theological Seminary in New York, „berüchtigt und verehrt als Hort der Kritik an Amerika", „... ein Ort der freien Aussprache jedes mit jedem, die durch die dem Amerikaner eignende Civilcourage und durch das Fehlen jeder hemmenden Amtlichkeit im persönlichen Umgang ermöglicht wird" (B. s. Bericht 1931). Jetzt entsteht die Freundschaft zu den beiden Niebuhrs. Die Begegnung mit den Spirituals und der Kampf der Neger um die Gleichberechtigung fesseln seine Aufmerksamkeit. Während sich wenige Jahre später die Mauern um Deutschland türmen, führt er seine Schüler ein in diese Welt mit den fremden Voraussetzungen; „swing low, sweet chariot" haben wir schon mitgesummt, 20 Jahre ehe es Rundfunk und Konzertsaal bekanntmachten. Als Bonhoeffer 1939 Amerika ein zweites Mal sieht, kann er seinen Bericht nirgends mehr drucken. Aber nun beschreibt er deutlich die tiefen Möglichkeiten, die das Gespräch zwischen dem „Protestantismus ohne Reformation" (USA) und den Kirchen der Reformation eröffnen wird.

Zurückgekehrt nach Berlin nahm er seine Vorlesungen an der Universität auf, und es bilden sich sofort Kreise um ihn; aus dem Hegelseminar wird der Prebelower Freundeskreis. Die scharfe Kritik am Kirchenbegriff mündet überraschend in die Mahnung, die ecclesia visibilis der Kirche der Altpreußischen Union zu lieben. Aus den Vorlesungen entsteht das erste Buch, das weite Kreise erreicht: „Schöpfung und Fall“, eine theologische Auslegung von Genesis 1–3. Daneben versieht er das Studentenpfarramt an der Technischen Hochschule Charlottenburg. Die Predigten sind überfüllt, die Vortragsreihen haben Zulauf, aber eine tragende Studentengemeinde will nicht entstehen. Die Zeit ist nicht reif. So gibt er diesen Auftrag an die Kirchenleitung zurück. Er will keine Arbeit im Stil des Paradepferdes tun.

Dann kommt das Jahr 1933. Noch im Februar geht ein Vortrag Bonhoeffers über den Berliner Rundfunk: Er kritisiert die Sehnsucht nach einem Führer, der zum Verführer werden muß, wenn er nicht in klarer Begrenzung ablehnt, Idol und Abgott der Geführten zu werden; Abgott, statt sich dienend überflüssig zu machen, indem er zu den echten Autoritäten des Vaters, des Lehrers, des Richters führt. Die Sendung bricht ab, ehe er den Vortrag beendet. Als nun deutlich wird, daß Idol und Abgott die Oberhand gewinnen, folgt er im Oktober 1933 dem Ruf an zwei deutsche Gemeinden in London. In dem deutsch-christlichen Bau wollte er keinen Platz. „Es gilt nun, in der Stille auszuhalten und an allen Ecken des Prunkbaues den Feuerbrand der Wahrheit anzulegen, damit eines Tages der ganze Bau zusammenbricht“, damit verabschiedete er sich von seinen Schülern.

Draußen wurde er einer der wichtigsten Interpreten der Vorgänge in den deutschen Kirchen. Jetzt entsteht die tiefe Freundschaft zum Bischof von Chichester. Der Bischof nimmt bei seinem Besuch im zerstörten Berlin 1945 seinen ersten Weg vor allen anderen zu Dietrichs

Eltern. Auf der dramatischen Konferenz 1934 in Fanö führt Bonhoeffer die deutsche Jugenddelegation. Es kam zu einem Zusammenstoß mit den Abgesandten der deutsch-christlichen Behörden, und der dänische Bischof Ammundsen erhob seine Stimme für die Bekennende Kirche. „Mit der Konferenz in Fanö ist die Ökumene in eine neue Epoche eingetreten", war das Urteil in seinem Aufsatz „Die Bekennende Kirche und die Ökumene" – eine Epoche der Weggabelung zur unverbindlichen Vereinigung oder in die Richtung von Entscheidungen für und wider die Kirche Christi.

Während er über C. F. Andrews, den englischen Indienfreund, eine Reise zu Gandhi vorbereitete – die englische Welt hatte sein Interesse für pazifistische Bewegungen geweckt – kam der Ruf der Bekennenden Kirche, in der notrechtlichen Ausbildung der jungen Pastoren das Predigerseminar in Pommern zu übernehmen. Er ging. So zieht er im April 1935 mit 25 Vikaren nach Zingst und dann nach Finkenwalde und lebt mit den Brüdern in notdürftig hergerichteten Häusern. Er teilt mit ihnen sein persönliches Eigentum, materielles und geistiges, seine Zeit und seine Pläne. Großzügig war er, und Kleinlichkeit verging einem vor ihm wie Schnee an der Sonne. Wohl schreckte manch einer zunächst zurück vor der Strenge und Kraft seines Denkens, aber bald spürte er, daß ihm noch niemand so gut und so vollständig hat zuhören können, um dann auch raten und verlangen zu können, was niemand vorher erfolgreich hatte verlangen können. Hier im Seminar war alles frisch und wie zum erstenmal getan, die theologische Arbeit, das menschliche Zusammenleben, das kirchenpolitische Stellungnehmen. Es gab Zeiten, in denen er inne wurde, wie stark sein Einfluß war, und dies wurden seine schwersten Anfechtungen am Glauben; wenn ihn der Abscheu davor packte, daß seine Gesundheit und Vitalität, seine Überlegenheit und sein Urteil sich durchsetzten. Er konnte Unselbständigkeit hassen, und darum war er wohl so behutsam, Menschen auf die eigenen Beine zu stellen.

In dieser Zeit entstanden die Kampfschriften wider alle Erweichung der Lehre: „Hinter Barmen und Dahlem können wir... nicht mehr zurück, weil wir hinter Gottes Wort nicht mehr zurückkönnen." Ein Sturm erhob sich, weil er die Frage der Bekennenden Kirche mit der Frage nach dem Heil zusammenzubringen wagte. In dieser Zeit entstanden die „Nachfolge" (1937), in der er den Ruf wider die billig verschleuderte Gnade erhob, und das „Gemeinsame Leben" (1938), das biblische Einsichten mit den Finkenwalder Erfahrungen niederlegte. Das waren die beiden Bücher, die zu seinen Lebzeiten seinen Namen – und seinen Ruf, was es bedeutet, mit Christus zu sein – am weitesten bekanntmachten. Die Liebe zur Schrift hat er in vielen wieder geweckt. Bald nachdem dieses Psalmheft erschienen war, kam dann das Schreibverbot und die Auflösung des Predigerseminars.

Inzwischen hatten andere Entwicklungen begonnen, Bonhoeffers Leben und Denken zu durchdringen. Durch Hans von Dohnanyi, seinen Schwager, hatte er Einblick in die Hintergründe der Krise um den General Fritsch und die beginnenden Umsturzpläne in der Umgebung des Generals Beck. Einstmals hatte er sich – in

Deutschland damals etwas Unerhörtes – zum Anwalt des pazifistischen Anliegens gemacht, jetzt fühlte er, daß es eine unerlaubte Flucht für ihn würde, sich den ihm zugewachsenen Kontakten mit den politischen und militärischen Widerstandsleuten zu entziehen. Nicht, daß jeder handeln sollte wie er, aber an seinem Platz sah er kein Ausweichen mehr in einen sündlosen frommen Raum. Die Sünde des Bürgertums offenbarte sich in der Flucht vor der Verantwortung. Diese Schuld sah er auf sich fallen und stellte sich. Nicht etwa die Kirche mit Mitteln der Macht zu verteidigen – das war ja gerade seine tiefe Sorge, daß auch die Bekennende Kirche ihre Vollmacht verlor, weil sie ihre Existenz nicht mehr drangäbe für die Juden und statt dessen um Finanzen und Stempelrecht kämpfte – aber seine bürgerliche Verantwortung als Deutscher endlich aufzunehmen, darum ging es an der Stelle, an die ihn Gott durch Geburt und Gaben gestellt hatte. Nie hat er gemeint, einen Standortwechsel vorzunehmen.

Auf einer Vortragsreise 1939 in Amerika wurde er von guten Freunden mit lockenden Angeboten bestürmt, drübenzubleiben. Sein ökumenischer Geist, seine Einfühlungsgabe wiesen ihm den Weg. Aber er nimmt eines der letzten Schiffe, um in das offenbare Verderben zurückzukehren. In seinem Tagebuch steht: „Ich begreife nicht, warum ich hier bin ... Das kurze Gebet, in dem wir an die deutschen Brüder dachten, hat mich fast überwältigt ... Wenn es jetzt unruhig wird, fahre ich bestimmt nach Deutschland ... Ich will für den Kriegsfall nicht hier sein ...“ und einige Tage später: „Seit ich auf dem Schiff bin, hat die innere Entzweiung über die Zukunft aufgehört." Jahre danach schreibt er dann aus dem Gefängnis: „Du mußt wissen, daß ich noch keinen Augenblick meine Rückkehr 1939 bereut habe, noch auch irgend etwas von dem, was dann folgte. Das geschah in voller Klarheit und mit bestem Gewissen. Daß ich jetzt sitze, rechne ich auch zu dem Teilnehmen an dem Schicksal Deutschlands, zu dem ich entschlossen war."

Und nun begann das Leben zwischen den Aufträgen der Bekennenden Kirche und den Aufgaben der Widerstandsarbeit, den Visitationen und der theologischen Arbeit an der geplanten „Ethik" – sie konnte erst posthum und im Fragment erscheinen (1949), er hat sie aber als seine eigentliche Aufgabe im Leben angesehen – und zwischen den Reisen. Die schwierigste und aufregendste war die nach Stockholm 1942, um dort den überraschten Bischof von Chichester zu treffen und zu informieren, welche Kreise und Namen hinter einem eventuellen Umsturz ständen. Auf der einen Seite die kirchliche Arbeit unter den Behinderungen und durch das Vorlesungsverbot, das Schreibverbot und Aufenthaltsverbot für Berlin – auf der anderen Seite die zwielichtige Ausstattung mit den willkommenen Pässen und Kurierausweisen, die eigentlich nur Bevorzugten zugänglich waren. Es gab wunderbare Erfahrungen der Hilfe und des Vertrauens. Ganze Kapitel der Ethik entstanden in der gastlichen Benedektiner-Abtei Ettal, andere auf dem sommerlichen Gutshof der Frau von Kleist in Klein-Krössin in Pommern.

Eines Tages aber war es soweit. Ein heller Montag im April 1943. Anrufe informieren uns, daß Hans von Dohnanyi aus seinem Amt geholt ist. Dietrichs Zimmer kann noch in den Zustand gebracht werden, der günstig erschien, auf harmlose Spuren zu lenken. Dann ist das erwartete Auto da. Vom 5. April 1943 bis zum 8. Oktober 1944 saß Bonhoeffer im Militärgefängnis Tegel. Die Wächter spürten bald, daß ein Pastor bei ihnen saß, dessen Worte echt und hilfreich waren. Sie brachten ihn heimlich in andere Zellen zu verzweifelten Mitgefangenen. Sie verwahrten seine Arbeiten, Aufsätze und Gedichte für die Zukunft. Sie bauten einen ganzen Kurierdienst auf zur Familie, zu Freunden. Das Zellendasein durchlebt er mit aller Sensibilität, die Jahreszeiten, die Bombenteppiche, die Spannungen der Verhöre, aber denen draußen schreibt er: „Genießt, was Euch noch begegnet." Er sinnt nach über die Gnade, teilzunehmen an dem leidenden „Für andere da sein" Christi und führt mit denen draußen ein Gespräch über die wunderbare Diesseitigkeit des 19. Jahrhunderts. Er ist ein Pastor unter Gefangenen und baut sich doch keine fromme Welt neben der gottlosen Welt. Und in der ungeheuren Erschütterung der Meldung vom mißlungenen 20. Juli schlägt die Verantwortung für das Öffentliche um in eine neue, ungebrochene Verantwortung, Folgen und Schmerzen zu tragen.

Mit dem Zossener Aktenfund (Dokumente der Widerstandsleute um Canaris, Oster, v. Dohnanyi) im September begann der letzte Lebensabschnitt: Prinz-Albrecht-Straße, Buchenwald, Schönberg und Flossenbürg. Die Kontakte nach außen rissen ab. Die Gestapo verweigerte alle Auskünfte. Die letzten Wochen hat Bonhoeffer mit Männern und Frauen vieler Länder verbracht, Russen, Engländern, Franzosen, Italienern und Deutschen. Payne Best, der englische Offizier, schreibt in „The Venlo Incident“: „Bonhoeffer schien mir immer eine Atmosphäre von Glück, von Freude über jedes geringste Lebensereignis und von tiefer Dankbarkeit für die bloße Tatsache zu verbreiten, daß er lebendig war ... Er war einer der sehr wenigen Menschen, die ich jemals getroffen habe, für die Gott real und immer nahe war ...“ In einem Holzgaser fuhren sie eingepfercht von Lager zu Lager vor den Fronten her, von Ungewißheit zu Ungewißheit.

P. Best: „Am Sonntag, dem 8. April 1945, hielt Pastor Bonhoeffer einen kleinen Gottesdienst und sprach zu uns in einer Weise, die allen zu Herzen ging. Er fand gerade die rechten Worte, den Geist unserer Gefangenschaft, die Gedanken und Entschlüsse, die sie uns gebracht hatte, auszudrücken. Er hatte kaum sein letztes Gebet beendet, als sich die Türe öffnete und zwei Zivilisten eintraten; sie sagten: Gefangener Bonhoeffer, mitkommen! Dies Wort „mitkommen“ hatte für alle Gefangenen nur die eine Bedeutung angenommen: das Schafott. Wir sagten ihm Lebewohl. Er nahm mich beiseite: ‚Das ist das Ende, für mich der Beginn des Lebens‘ ... Am nächsten Tag wurde er in Flossenbürg erhängt.“ Das geschah in einer Schulklasse in Schönberg im bayrischen Wald, dem Wald Stifters, dessen Bücher er so liebte. Die Losung des Tages, über die er gesprochen hatte, war: „Durch seine Wunden sind wir geheilt.“ Menschen aller feindlichen Länder und vieler ehemals feindlicher Konfessionen waren die Brüder, die ihm als letzte nahe waren.

Dietrich Bonhoeffer hat gelegentlich geäußert, er würde nicht alt werden. Seiner Generation sei es nicht vergönnt, ein ganzes Lebenswerk reifen zu lassen und zum Abschluß zu bringen. Der vorzeitige Abbruch hat hier aber dem Zeugnis eine unvergleichliche Stärke gegeben, daß man meint, er gehöre mit dazu. Das Zeugnis Dietrich Bonhoeffers hat einmal damit begonnen, zu leben und zu sagen, was das ist, mit Christus zu sein – und es hat damit geendet, zu lehren, was das ist, daß Christus mit uns ist.

„Es kommt wohl nur darauf an, ob man dem Fragment unseres Lebens noch ansieht, wie das Ganze eigentlich angelegt und gedacht war und aus welchem Material es besteht. Es gibt schließlich Fragmente, die nur noch auf den Kehrichthaufen gehören, und solche, die bedeutsam sind auf Jahrhunderte hinaus, weil ihre Vollendung nur eine göttliche Sache sein kann, also Fragmente, die Fragmente sein müssen – ich denke z. B. an die Kunst der Fuge. Wenn unser Leben auch nur ein entferntester Abglanz eines solchen Fragmentes ist, in dem wenigstens eine kurze Zeitlang die sich immer stärker häufenden, verschiedenen Themata zusammenstimmen, und in dem der große Kontrapunkt von Anfang bis zum Ende durchgehalten wird, so daß schließlich, nach dem Abbruch, höchstens noch der Choral ‚Vor deinen Thron tret ich hiermit' intoniert werden kann, dann wollen wir uns auch über unser fragmentarisches Leben nicht beklagen, sondern sogar daran froh werden." (Brief vom 21. 2. 44.)

Eberhard Bethge

INHALT